La gente puede visitar este géiser llamado *Old Faithful* y disfrutar de él porque las reglas lo protegen.

Las reglas para los parques nacionales son necesarias

Las personas que visitan los parques nacionales deben seguir reglas. Hay más de 400 parques nacionales en Estados Unidos. Los parques nacionales son lugares públicos. Algunos son sitios de belleza natural. Otros son importantes para nuestra historia. Algunos son símbolos de este país.

El cartel indica que el parque es un lugar protegido.

Las reglas protegen nuestros parques nacionales. Sin reglas, los parques nacionales podrían estar llenos de basura. Los ríos y lagos podrían estar contaminados. La gente podría talar árboles o dañar la vida silvestre.

Necesitamos reglas para que todos puedan disfrutar de los parques nacionales durante mucho tiempo.

Género **Artículo persuasivo**

Pregunta esencial

¿Por qué son importantes las reglas?

¿Son necesarias las reglas?

Anton Wilson

Capítulo 1

Las reglas nos protegen

El gobierno crea reglas para proteger a la gente.

¡Las reglas están en todos lados! Nos dicen qué podemos hacer y qué no. Hay reglas en casa, en la escuela, en las ciudades y en los estados. ¿Por qué son necesarias?

Las reglas nos ayudan a saber cómo comportarnos, a llevarnos bien y a estar seguros.

Nuestro país creó muchas reglas, que nos ayudan todos los días de muchas maneras. Descubramos por qué son tan importantes.

Capítulo 2
Reglas para alimentos

El sello del USDA nos indica que es seguro comer la carne.

Necesitamos reglas para alimentos

Las reglas para alimentos ayudan a que estos sean seguros. El Departamento de Agricultura de EE. UU. (USDA) inspecciona ciertos alimentos, como la carne, el pollo y los huevos, para que se puedan comer sin peligro de enfermar. Se aseguran de que los alimentos no estén contaminados. Verás el sello del USDA en algunos alimentos en las tiendas.

Las reglas para alimentos hacen que nuestros almuerzos en la escuela sean sanos y seguros.

Necesitamos reglas para los almuerzos escolares

Las reglas influyen en los alimentos que comes en la escuela. Muchas escuelas sirven desayunos y almuerzos a los estudiantes. Las escuelas que cumplen las reglas del USDA reciben más alimentos y dinero. Los estudiantes pueden comer gratis. Otras pueden comprar alimentos a bajo costo.

Necesitamos reglas de seguridad alimentaria

¡Las reglas de seguridad alimentaria pueden salvar vidas! El USDA crea fichas informativas con reglas para preparar alimentos de forma segura. Ciertos alimentos deben cocinarse a una temperatura determinada.

Las instrucciones de manipulación que aparecen en los envases de los alimentos ayudan a que sea seguro consumir la carne.

Image Source/Getty Images

¿Cómo puedo conservar huevos de forma segura?

Tipo de huevo	Refrigerar	Congelar
huevos crudos con cáscara	Puedes refrigerar huevos crudos de 3 a 5 semanas.	No debes congelar huevos crudos con cáscara.
claras de huevos crudas	Puedes refrigerar claras de huevos crudas de 2 a 4 días.	Puedes congelar claras de huevos crudas por 12 meses.
huevos duros	Puedes refrigerar huevos duros por 1 semana.	No debes congelar huevos duros.

El gobierno da información sobre cómo conservar y servir alimentos de forma segura. ¿Has pensado cuánto tiempo pueden guardarse ciertos alimentos en el refrigerador? El gobierno da esta información. Indica qué temperatura deben alcanzar ciertos alimentos, como la carne, al cocinarlos para consumirlos sin peligro de enfermar.

Necesitamos reglas para los medicamentos

Los medicamentos ayudan a los enfermos a mejorar. La Administración de Alimentos y Medicamentos (FDA) analiza los medicamentos. Estudia sus posibles **efectos secundarios** y verifica la cantidad que debe tomarse. Finalmente, tras muchas pruebas, la FDA puede **aprobar** un medicamento para que se pueda recetar y vender.

La FDA tiene guías que ayudan a la gente a entender las reglas para tomar medicamentos.

Capítulo 3

Reglas para animales

Las reglas protegen a cientos de especies de animales. Entre ellos hay peces, murciélagos, osos y zorros en peligro de extinción.

Necesitamos reglas para proteger a los animales. Estados Unidos redacta reglas sobre la caza y la pesca. Estas reglas ayudan a proteger a nuestros animales. La mayoría de las personas deben obtener un permiso escrito para cazar o pescar. Si alguien caza o pesca sin **permiso**, deberá pagar una multa.

Las reglas protegen los lugares donde viven muchos animales de los Everglades de Florida.

El Servicio de Pesca y Vida Silvestre de EE. UU. también protege los hábitats de los animales. La gente necesita un permiso para navegar o acampar en ciertos pantanos. Deben obedecer reglas para no dañar las plantas y los animales del área. Incluso quienes tienen tierras en estas zonas deben seguir reglas sobre su uso. Por ejemplo, está prohibido construir casas nuevas en los humedales o cerca de ellos. Aunque sean los dueños de la tierra, deben cumplir la regla.

Capítulo 4

Reglas para las ideas

Puedes encontrar la página de los derechos de autor de un libro justo detrás de la página del título.

Las reglas del gobierno protegen las ideas de las personas. Los escritores, los artistas y otros están protegidos.

Mira cualquier libro. Verás una página de **derechos de autor**. Las reglas de los derechos de autor dicen que nadie puede copiar y vender sin permiso un libro publicado. Al exclamar "¡Tengo una idea!", el autor seguramente no pensaba en sus derechos. Pero estas reglas lo protegen.

Patentes famosas

- John Deere: arado de acero
- Orville y Wilbur Wright: aeroplano
- John Kellogg: cereales para el desayuno

cereal

Necesitamos reglas para los inventos

A algunas personas se les ocurren ideas para inventos. La Oficina de Patentes y Marcas de EE. UU. protege los derechos de quienes inventan algo nuevo. Un inventor puede obtener una patente, un documento que dice que esa persona es dueña de su invento.

Las reglas del gobierno protegen las patentes de muchos artículos de tu casa.

Imagina que inventaste algo nuevo, como un juguete. ¡No querrías que otros lo copiaran! Es tu invento. Puedes ganar dinero con él. Una patente protege al inventor. Dice que nadie puede fabricar, usar o vender el invento sin permiso del inventor.

Las personas necesitan reglas del gobierno. Las reglas mejoran la vida de la gente. Protegen nuestra salud y seguridad. Cuidan nuestros derechos. Las reglas nos ayudan a mantenernos unidos como ciudadanos.

Respuesta a la lectura

Resumir

Usa detalles para resumir *¿Son necesarias las reglas?*

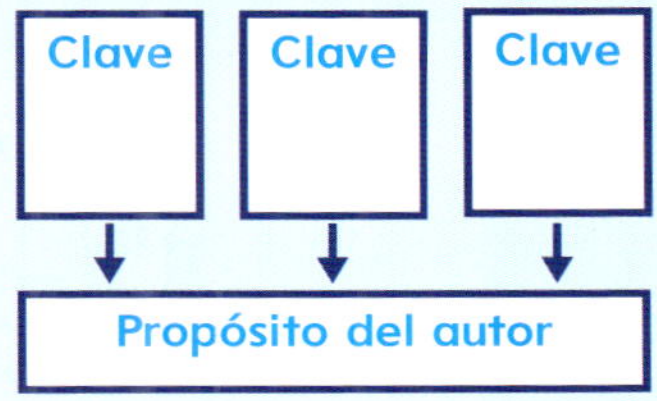

Evidencia en el texto

1. ¿Cómo sabes que *¿Son necesarias las reglas?* es un artículo persuasivo? **Género**

2. ¿Por qué el autor escribió este texto?
   Propósito del autor

3. Usa lo que sabes sobre homógrafos para hallar el significado de *tiendas* en la página 5.
   Homógrafos

4. Escribe por qué el autor cree que los parques nacionales necesitan reglas.
   Escribir sobre la lectura

Género **Artículo persuasivo**

Compara los textos

Lee sobre por qué son importantes las reglas en las piscinas.

Reglas en las piscinas

Es divertido nadar en las piscinas. Algunas piscinas están al aire libre. Otras son cubiertas. Las piscinas pueden ser diferentes. Pero la mayoría suele tener las mismas reglas.

Las reglas de las piscinas son fáciles de encontrar. Suelen estar en carteles grandes para que todos puedan verlas. A veces, todas las reglas están en un solo cartel. Algunos carteles tienen dibujos. Los dibujos captan la atención de la gente.

En muchas ciudades hay piscinas públicas.

No tirarse de cabeza

Hay piscinas que tienen un área profunda. Otras no son muy profundas y tirarse de cabeza sería peligroso. Uno podría golpearse contra el piso. La regla "No tirarse de cabeza" ayuda a que la gente esté segura.

No correr

En las piscinas hay que caminar con cuidado. Correr cerca de la piscina es peligroso. Podemos resbalarnos en el piso mojado y caernos. Podríamos rompernos un brazo o una pierna. Por eso, el cartel de "No correr" es importante.

No comer ni beber

Suele estar prohibido comer o beber cerca de la piscina. La comida o las bebidas pueden ensuciar el agua. La gente puede resbalarse si hay restos de comida en el piso. Una botella de vidrio podría romperse.

¡Los pies descalzos y los vidrios rotos son una mala combinación! Por eso muchas piscinas tienen áreas especiales donde se puede comer o beber.

Puedes divertirte en la piscina *y* no correr riesgos. ¡Solo tienes que seguir las reglas!

Haz conexiones

¿Por qué son importantes las reglas en las piscinas? **Pregunta esencial**

¿En qué se parecen *¿Son necesarias las reglas?* y *Reglas en las piscinas*?

El texto y otros textos

Glosario

aprobar aceptar algo o considerarlo correcto ***(página 9)***

derechos de autor reglas que aseguran que una persona es dueña de algo que escribió o creó y puede ganar dinero por ello ***(página 12)***

efecto secundario acción, generalmente negativa, de un medicamento en el cuerpo además de su acción principal ***(página 9)***

permiso nota escrita que autoriza a una persona a hacer algo ***(página 10)***

Índice

Enfoque:
Estudios Sociales

Propósito Descubrir por qué son importantes las reglas de la clase

Qué hacer

Paso 1 Escribe tres reglas de la clase.

Paso 2 Escribe las tres reglas en la primera columna de una tabla como esta.

Regla	Cómo ayuda

Paso 3 En la segunda columna, escribe una manera en la que cada regla te ayuda a ti y a tu clase.

Paso 4 Comenta lo que aprendiste.